AF326437

ORDONNANCE
DU ROI,

*Portant création de cent Compagnies de Fusiliers,
en un seul Corps, sous la dénomination de
Corps royal d'Infanterie de la Marine.*

Du 26 Décembre 1774.

DE PAR LE ROI.

S A MAJESTÉ s'étant fait représenter l'Ordonnance du 18 Février 1772, portant création
de huit Régimens sous la dénomination de *Corps-
royal de Marine*, & autres Règlemens, Ordres
& Instructions sur le même sujet; Elle auroit jugé du bien
de son service, de réunir provisoirement en un seul & même
Corps, toutes les Troupes destinées à faire le service dans

A

ſes Ports & ſur ſes Vaiſſeaux, Eſcadres & Armées navales, ainſi qu'il a été fait pour tous ſes Officiers de vaiſſeau, par ſon Ordonnance du 8 Novembre 1774. A quoi voulant pourvoir, Elle a ordonné & ordonne ce qui ſuit :

ARTICLE PREMIER.

Création du Corps-royal d'Infanterie de la Marine, & ſuppreſſion des huit Régimens.

IL ſera formé cent Compagnies de Fuſiliers, ſous la dénomination de *Corps-royal d'Infanterie de la Marine ;* leſquelles cent Compagnies rempliront ſur les vaiſſeaux & dans les ports, le ſervice auquel ſont actuellement employés les huit Régimens ou Brigades créés par l'Ordonnance du 18 Février 1772. Sa Majeſté ſupprime leſdits Régimens ou Brigades, & veut qu'ils ſoient employés pour former tant leſdites cent Compagnies du Corps-royal d'Infanterie, que partie des trois Compagnies de Bombardiers créés par l'Ordonnance de ce même jour ; le tout, ſuivant les ordres particuliers que Sa Majeſté fera expédier.

2.

Diviſions du Corps-royal d'Infanterie de la Marine.

LE Corps-royal d'Infanterie de la Marine, ſera partagé en trois *Diviſions,* qui ſeront diſtinguées ſous les dénominations de *Diviſion de Breſt, Diviſion de Toulon,* & *Diviſion de Rochefort.*

3.

Compoſition de chaque Diviſion.

LA Diviſion de Breſt ſera compoſée de cinquante Compagnies; celle de Toulon, de trente; & celle de Rochefort, de vingt.

4.

Chaque Diviſion partagée en Sections.

CHAQUE Diviſion ſera ſubdiviſée, ſavoir; celle de Breſt en cinq *Sections,* celle de Toulon en trois, & celle de Rochefort en deux; chaque Section devant être compoſée de dix Compagnies.

5.

CHAQUE Compagnie fera compofée d'un Fourrier, fix Sergens, fix Caporaux, fix Appointés, quatre-vingt-feize Fufiliers & trois Tambours.

Compofition de chaque Compagnie.

6.

CHAQUE Compagnie fera divifée en fix Efcouades, cha-cune de dix-huit hommes, dont un Caporal, un Appointé & feize Fufiliers. Il fera attaché un Sergent à chaque Efcouade.

Chaque Compagnie divifée en Efcouades.

7.

IL fera attaché quatre Fifres ou quatre Clarinettes à chacune des trois Divifions.

Fifres ou Clarinettes attachés à chaque Divifion.

8.

SE réferve Sa Majefté de fixer par des ordres particuliers, & fuivant les befoins de fon fervice, en temps de paix, le nombre d'hommes auquel lefdites Compagnies feront réduites.

Réduction des Troupes en temps de paix.

9.

L'ÉTAT-MAJOR de chaque Divifion, fera compofé d'un Capitaine de vaiffeau, Major de la Marine & des Armées navales ; d'un Capitaine de vaiffeau, Major du Corps-royal d'Infanterie de la Marine ; de fix Lieutenans de vaiffeau, Aides-major des troupes & des armées navales à Breft, de fix à Toulon, & de trois à Rochefort ; de cinq Enfeignes de vaiffeau, Sous-aides-major des troupes & des armées navales à Breft ; de quatre à Toulon, & de deux à Roche-fort ; de cinq Quartiers-maîtres brévetés & tirés du corps des Fourriers & Sergens, à Breft, de trois à Toulon & de deux à Rochefort ; & d'un Tambour-major dans chacun des trois ports.

État-major.

1 0.

Officiers
des Compagnies.

CHACUNE des cent Compagnies formant les trois Divisions du Corps-royal d'Infanterie de la Marine, sera commandée par un Lieutenant de vaisseau, qui en sera Capitaine ; & par deux Enseignes de vaisseau, qui en seront Lieutenans en premier & en second.

1 1.

Commandans
des Sections.

LES Capitaines des Compagnies, qui se trouveront être les plus anciens dans l'ordre des Lieutenans de vaisseau, seront Commandans des Sections de leur Division.

1 2.

Rang
des Sections
entr'elles.

LES Sections prendront rang entr'elles sous la dénomination de *Première Section, Deuxième Section,* & ainsi de suite, suivant le rang d'ancienneté dans la Marine, des Commandans desdites Sections.

1 3.

Du Major
de la Marine
& des
Armées navales.

LE Major de la Marine & des Armées navales, dans chaque port, aura, sous l'autorité du Commandant du port, l'inspection générale pour tout ce qui concernera le service, la tenue & la discipline des Troupes de la Division ; il conservera d'ailleurs, relativement au service du port & à celui des armées navales, toutes les fonctions qui lui sont attribuées, en sa qualité particulière de Major de la Marine & des armées navales, par les Ordonnances des 15 Avril 1689, 25 Mars 1765 & 8 Novembre 1774 : il rendra compte chaque jour au Commandant du port, de tout ce qui pourra intéresser la police & la discipline des Troupes : chaque mois, il enverra au Secrétaire d'État ayant le département de la Marine, l'état de fituation de la Divifion, & lui rendra un compte exact de tout ce qui pourra avoir rapport au fervice des Troupes.

14.

LE Major de chaque Divifion remplira toutes les fonctions attribuées aux Majors des autres Troupes de Sa Majefté, & fe conformera à ce qui eft prefcrit par les Ordonnances rendues fur cet objet: il aura, fous les ordres du Major de la Marine, la police de tout ce qui concernera le fervice de l'Infanterie, la tenûe & la difcipline des Troupes, & l'adminiftration de la Caiffe, & rendra compte chaque jour du tout audit Major de la Marine.

En l'abfence du Major de la Marine, le Major de la Divifion en remplira toutes les fonctions.

Du Major de la Divifion.

15.

LES Aides - major & Sous-aides-major feront employés, tant au détail des Troupes qu'à ceux attribués aux Officiers de la Majorité de la Marine, par les Ordonnances de 1689 & 1765, fuivant la deftination qui fera faite defdits Aidesmajor & Sous-aides-major par le Commandant du port ou par le Major de la Marine, ou par le Major de la Divifion.

Des Aide - major & Sous-aides-major.

16.

LES Quartiers - maîtres de chaque Divifion feront choifis par le Major de la Marine, parmi les Fourriers & Sergens, & propofés à Sa Majefté par le Commandant du port.

Il fera particulièrement attaché un Quartier-maître à chacune des Sections.

Lefdits Quartiers - maîtres aideront les Officiers - majors dans toutes les fonctions de leur emploi.

Des Quartiers-maîtres, & comment choifis.

A iij

17.

LES Capitaines, Lieutenans en premier & Lieutenans en second de chaque Compagnie, feront fubordonnés les uns aux autres, fuivant leur rang d'ancienneté dans la Marine ; & tous les Capitaines & Lieutenans en premier & en second des Compagnies de chaque Section, feront fubordonnés au Commandant de la Section, lequel rendra compte au Major de la Marine & à celui de la Divifion, ou en fon abfence, à l'Officier de la Divifion le plus ancien, de l'exécution des ordres qu'il aura reçus.

18.

TOUS les Officiers attachés aux Compagnies, veilleront affidûment à la difcipline & à la tenue des Troupes qu'ils commanderont, & feront exactement les vifites de chambrées, cafernes & hôpitaux, fuivant l'ordre qui leur en fera donné par le Major de la Marine ou celui de la Divifion, ou par le Commandant de la Section.

19.

POUR maintenir entre les trois Divifions l'uniformité de fervice, de difcipline & de tenue, Sa Majefté nommera chaque année pour en faire l'infpection, un Officier général de fa Marine, auquel Elle adreffera fes inftructions particulières. Veut Sa Majefté, que ledit Officier général jouiffe, pendant fon féjour dans chaque port, & fuivant fon grade, des honneurs accordés aux Officiers généraux employés.

20.

CHAQUE Divifion du Corps-royal d'Infanterie de la Marine fera exercée au moins une fois par femaine aux manœuvres, ordinaires de l'Infanterie, foit par Compagnie, foit par Section, foit par Divifion entière. Le Major de la Marine prendra pour cet effet les ordres du Commandant du Port. Les Officiers-majors apporteront une attention particulière à ce que les Soldats s'accoutument à charger avec célérité, & apprennent à bien ajufter. Il fera fourni des magafins de Sa Majefté, fur la demande par écrit du Major de la Divifion, vifée du Major de la Marine, la poudre & les balles nécef-faires pour exercer les Soldats à tirer au blanc.

2 1.

Tous les Soldats feront pareillement exercés par Compagnie ou par Efcouades, à l'amarrage, à la manœuvre & au tir du canon, en la même forme qui eft prefcrite par l'Ordonnance du 5 Novembre 1766, concernant *les Apprentis-canonniers, depuis l'article 20 jufqu'à l'article 28* inclufivement. Lefdits Soldats pourront prétendre aux mêmes Prix accordés par ladite Ordonnance à ceux des Apprentis canonniers qui rempliffent les conditions portées par l'*article 26.* L'exercice du canon fe fera par femaine; & ceux des Soldats qui y feront occupés, feront difpenfés de tout autre fervice: lefdits Soldats feront conduits audit exercice par le Fourrier ou un Sergent de la Compagnie; & l'exercice fera commandé par un maître Canonnier du port, fous les ordres d'un Officier d'Artillerie, & en préfence d'un des Lieutenans de la Compagnie.

Seront pareillement exercés à la manœuvre & au tir du canon, & pourront prétendre à des Prix.

2 2.

Lorsque les Soldats qui ne fe trouveront pas embarqués fur les Vaiffeaux de Sa Majefté, ou compris dans la Garde du port, ou en détachement pour les exercices d'Artillerie,

Les Soldats de la Marine employés dans les arfenaux en qualité de Journaliers.

A iiij

feront employés à la journée dans les arfenaux, à tour de rôle & par efcouades, foit en temps de guerre, foit en temps de paix, aux différens travaux dont ils feront jugés capables, il leur fera accordé dans ce cas, en outre de leur paye, quinze fous par jour à chaque Sergent, douze fous à chaque Caporal, & dix fous à chaque Appointé ou Fufilier. Lefdits Sergens & Caporaux veilleront feulement à ce que lefdits Appointés & Soldats fe portent avec célérité & fans confufion à tous les travaux, mouvemens & manœuvres auxquels ils auront été deftinés, & ne commettent aucun dégât. Entend Sa Majefté que les Soldats du Corps-royal d'Infanterie de la Marine, foient employés dans fes arfenaux, en qualité de Journaliers, par préférence à tous autres.

23.

Les Ordonnances pour le fervice de l'Infanterie & des Places, feront provifoirement fuivies.

LES Ordonnances & Règlemens pour le fervice de l'Infanterie & pour celui des Places, ainfi que l'Ordonnance du 25 Mars 1765, en tout ce qui n'eft pas contraire à celle du 8 Novembre 1774, feront au furplus fuivis & exécutés provifoirement, felon leur forme & teneur, pour les cas qui n'ont pas été prévus par la préfente Ordonnance, & en tout ce qui n'y eft pas contraire.

24.

Salde des Troupes.

LES cent Compagnies formant les trois Divifions du Corps-royal d'Infanterie de la Marine, feront payées;

S A V O I R :

À chaque	Par jour.			Par mois.			Par an.
Fourrier	1^l	2^f	u^d	33^l	u^f	u^d	396^l
Sergent	u	14.	u	21.	u	u	252.
Caporal	u	9.	u	13.	10.	u	162.
Appointé	u	7.	4.	11.	u	u	132.
Fufilier	u	6.	u	9.	u	u	108.
Tambour	u	8.	u	12.	u	u	144.
Fifre ou Clarinette	u	12.	u	18.	u	u	216.

25.

LES Fourriers, Sergens, Caporaux, Appointés, Bombardiers, Canonniers & Fufiliers des huit Brigades fupprimées, qui fe trouveront incorporés dans les Compagnies du Corps-royal d'Infanterie de la Marine, jouiront, par fupplément à la folde qu'ils auront dans lefdites Compagnies, de l'excédant de leur ancienne paye fur la nouvelle.

26.

SUR la folde réglée à chaque Fourrier, Sergent, Caporal, Appointé, Fufilier, Tambour, Fifre ou Clarinette, il fera affecté feize deniers par chaque Fourrier & Sergent; & huit deniers par chaque Caporal, Appointé, Fufilier, Tambour, Fifre ou Clarinette, pour l'entretien du linge & de la chauffure.

27.

LES Tambours feront tenus d'entretenir leurs caiffes de peaux & cordages, & de fe fournir de baguettes fur la folde à eux ci-deffus réglée.

28.

OUTRE la folde ci-deffus réglée, il fera donné deux

A v

fous par jour pour chaque Fourrier, Sergent, Tambour, Fifre ou Clarinette; & un fou feulement pour chaque Caporal, Appointé & Fufilier, qui formeront une Maffe toujours complète, fuivant le nombre qui aura été fixé pour la compofition de chaque Compagnie, & fans avoir égard aux hommes qui pourroient y manquer; laquelle Maffe demeurera entre les mains du Tréforier général de la Marine, pour être employée à l'habillement defdites Compagnies, en conféquence des ordres qui feront expédiés par le Secrétaire d'État ayant le département de la Marine. Le Major de la Marine dans chaque port, & fous fes ordres le Major de la Divifion, veilleront feulement à l'entière exécution dudit habillement, dont l'Officier général chargé de l'infpection conftatera l'état chaque année.

29.

Maffe pour les menues réparations.

A l'égard des réparations journalières de l'habillement, équipement & armement des cent Compagnies, Sa Majefté fera former une Maffe de cinq livres par chaque homme en tout temps; laquelle fera payée fur le pied du complet, d'après le nombre qui aura été fixé pour la compofition de chaque Compagnie, & remife tous les mois au Major de chaque Divifion, lequel fera chargé de ce détail fous les ordres du Major de la Marine, pour être ladite Maffe employée auxdites réparations; & ledit Major rendra compte chaque année de l'état de recette & de dépenfe à l'Officier général que Sa Majefté chargera de l'infpection, en préfence du Major de la Marine.

30.

Revues.

Les revues feront faites tous les mois par les Commiffaires de la Marine, prépofés à cet effet, dans la forme prefcrite par les Ordonnances pour les Troupes de Sa Majefté.

31.

LA folde & la fubfiftance des Troupes feront payées tous les mois au Major de chaque Divifion, fur fa quittance, d'après la revue du Commiffaire de la Marine, & l'ordonnance de l'Intendant, enfemble avec le montant de la Maffe des menues réparations de l'habillement, armement & équipement; & à la fuite du décompte qui lui en fera fait, le Tréforier fera mention du montant de la Maffe de l'habillement qui reftera entre fes mains, & dont il fournira fa reconnoiffance audit Major.

32.

TOUS les Officiers de vaiffeau attachés au Corps-royal d'Infanterie de la Marine jouiront des appointemens attribués à leur grade dans la Marine, conformément à l'article 10 de l'Ordonnance du 8 Novembre 1774; & Sa Majefté leur accorde, en outre defdits appointemens, les fupplémens énoncés ci-après.

SAVOIR:

Par an.

A chaque Major de la Marine & des Armées navales, pour fupplément aux appointemens de fon grade, & pour frais de bureau. 4000 liv.

A chaque Major de Divifion, pour fupplément & frais de bureau, 2700.

A chaque Aide-major, pour fupplément . . . . 600.

A chaque Sous-aide-major, pour fupplément . . . . 400.

A chaque Quartier-maître, pour folde . . . . 900.

A chaque Capitaine de Compagnie, pour fupplément . . . . 400.

A chaque Lieutenant en premier & en fecond, pour fupplément. 220.

A chaque Tambour-major, pour folde . . . . 360.

33.

LESDITS fupplémens d'appointemens feront payés par

Les supplémens payés par le Tréforier, ensemble avec les appointemens. quartier, de trois en trois mois, à chacun defdits Officiers, enfemble avec les appointemens de fon grade dans la Marine, & fur fa quittance, par le Tréforier de la Marine ou fon Commis dans chaque port.

34.

Capitation. TOUS les Officiers attachés au Corps-royal d'Infanterie de la Marine, payeront la Capitation fuivant leur grade dans la Marine.

35.

Uniforme des Troupes. L'UNIFORME du Corps-royal d'Infanterie de la Marine, fera compofé d'un habit, vefte, culotte de drap bleu-de-roi, doublure de ferge bleue, paremens, revers & collet rouges, les pattes de l'habit en travers garnies de trois boutons, manches en bottes garnies de trois boutons, fept au revers, & trois au-deffous, boutons jaunes timbrés d'une ancre, chapeau bordé d'un galon jaune, guêtres de toile blanche en été, & de toile noire en hiver.

36.

Diftinction des bas Officiers. LES Fourriers, Sergens, Caporaux & Appointés, auront les mêmes diftinctions fur leurs habits, que ceux des autres Troupes de Sa Majefté.

37.

L'habillement des Tambours, Fifres, & Clarinettes. L'HABILLEMENT des Tambours-majors, Tambours, Fifres ou Clarinettes, fera à la livrée du Roi & du même modèle que celui des Régimens ou Brigades fupprimés.

38.

Uniforme & épaulettes LES Officiers de vaiffeau, attachés à l'État-major & aux Troupes de la Marine, porteront l'uniforme du Corps-royal d'Infanterie de la Marine, avec les épaulettes diftinctives de leur grade, pareilles à celles des Brigades fupprimées, toutes les fois qu'ils feront en fervice avec lefdites Troupes: ils auront en outre le hauffe-col & des guêtres pareilles pour la couleur à celles defdites Troupes. Dans tous les autres temps, lefdits Officiers porteront fur leurs uniformes de Marine, les mêmes épaulettes que fur celui du Corps-royal d'Infanterie de la Marine.

diftinctives des Officiers.

39.

L'ARMEMENT dudit Corps fera conforme à celui des Brigades fupprimées.

Armement des Troupes.

40.

LES Officiers des Troupes n'auront d'autre arme que leur épée, qu'ils mettront à la main toutes les fois qu'ils feront à la tête de leur Compagnie.

Armement des Officiers.

41.

LE terme des engagemens fera fixé à huit ans: les Soldats qui monteront aux hautes-payes, ne feront pas tenus de fervir au-delà du terme de leur premier engagement; & le congé abfolu fera donné régulièrement aux Soldats dont l'engagement fera expiré.

Durée des engagemens.

42.

TOUT bas Officier, Fufilier ou Tambour, qui, ayant rempli un premier engagement de huit ans dans le Corps-royal d'Infanterie de la Marine, ou dans les Troupes ci-devant attachées à la Marine, voudra contracter un fecond engagement, pareillement de huit ans, recevra à fon choix, ou une fomme de cent livres comptant, une fois payée, ou un fou par jour de haute-paye, pendant toute la durée de

Récompenfes pour les bas Officiers ou Soldats qui voudront contracter un fecond engagement.

fon fecond engagement, en fus de la paye qu'il avoit à l'expiration du premier. Il portera pour marque diftinctive de fon fervice, un chevron de ruban de laine jaune, appliqué fur le bras gauche, comme il eft établi pour l'Infanterie Françoife.

Veut Sa Majefté que ceux des bas Officiers & Soldats qui, après avoir déjà rempli dans les Brigades fupprimées, ou dans les anciennes Troupes de la Marine, un premier engagement, & y en avoir contracté un fecond, feront retenus pour former les Compagnies du Corps-royal d'Infanterie de la Marine, jouiffent, à compter du jour de la formation defdites Compagnies, d'un fou de haute-paye & de la marque diftinctive de leur fervice, jufqu'à l'expiration de ce fecond engagement.

43.

Dans quel cas la demi-folde fera accordée après deux engagemens.

CEUX qui, après avoir rempli deux engagemens confécutifs de huit ans chacun dans les Troupes de la Marine, fe trouveront, par des infirmités ou des bleffures, dans l'impoffibilité abfolue de continuer leurs fervices, ce qui fera conftaté & certifié par l'Officier général chargé de l'infpection, pourront fe retirer chez eux avec un habit uniforme complet, pour y jouir de la demi-folde du grade qu'ils avoient à l'expiration de leur fecond engagement; laquelle demi-folde fera payée fur le fonds des Invalides de la Marine.

44.

Récompenfe pour ceux qui contracteront un troifième engagement.

CEUX qui contracteront volontairement un troifième engagement de huit ans, recevront à leur choix, ou une fomme de deux cents livres comptant, une fois payée, ou deux fous de haute-paye par jour en fus de la folde attribuée à leur grade, pendant la durée du troifième engagement,

& porteront deux chevrons de ruban de laine jaune fur le
bras gauche.

Entend Sa Majefté que ceux des bas Officiers & Soldats
des Brigades fupprimées, qui, étant retenus pour former le
Corps-royal d'Infanterie de la Marine, auroient déjà rempli
deux engagemens confécutifs dans lefdites brigades ou autres
Troupes ci-devant attachées à la Marine, & y en auroient
contracté un troifième, commencent, à compter du jour de
la formation du Corps-royal d'Infanterie de la Marine, à
jouir de deux fous de haute-paye par jour, & à porter les
marques diftinctives de leur fervice, conformément au préfent
article, jufqu'à l'expiration dudit troifième engagement.

45.

CEUX qui auront rempli le temps de trois engagemens
confécutifs de huit ans chacun dans les Troupes de la Marine,
pourront fe retirer chez eux, pour y jouir de la demi-folde
du grade qu'ils auront à l'expiration du troifième engagement;
& fi à ce terme de vingt-quatre années, ils fe trouvoient dans
l'impoffibilité abfolue de continuer leurs fervices, ce qui fera
conftaté & certifié par l'Officier général chargé de l'infpection,
ils jouiront chez eux de la folde entière du grade qu'ils avoient
au terme des vingt-quatre ans. Dans les deux cas, ils auront
acquis la *Vétérance :* & l'intention de Sa Majefté eft qu'ils foient
diftingués par une *Plaque* ornée d'une ancre, furmontée de
deux épées en fautoir, brodées en laine jaune, fur un fond
d'écarlate, & appliquée fur le côté gauche de l'habit; & que
lorfqu'ils fe retireront chez eux, pour y jouir de leur folde
ou demi-folde, conformément aux conditions ci-deffus
énoncées, ils continuent de porter toute leur vie cette marque
diftinctive, & qu'ils emportent avec eux leur habit uniforme

*Récompenfe
pour ceux
qui ont acquis
la Vétérance.*

complet, ainſi que l'épée ou le ſabre qu'ils portoient dans les Troupes de la Marine.

L'Officier général chargé de l'inſpection, adreſſera chaque année au Secrétaire d'État ayant le département de la Marine, un état nominatif des bas Officiers, Appointés, Fuſiliers ou Tambours de chaque Diviſion qui auront acquis la Vétérance, afin que les Brevets & Plaques de ces Vétérans, ſoient envoyés au Commandant du port qui les leur remettra le jour de la revue du mois, en préſence de toute la Diviſion aſſemblée & portant les armes.

46.

Récompenſe pour les Vétérans qui voudront continuer leur ſervice.

Ceux qui ayant rempli conſécutivement trois engagemens de huit ans chacun, dans les Troupes de la Marine, auront acquis la *Vétérance*, & deſireront néanmoins continuer leurs ſervices, pourront, chaque année, contracter un nouvel engagement pour un an ſeulement. Il ne leur ſera rien payé en argent comptant pour ce nouvel engagement; mais ils jouiront, pendant tout le temps qu'ils continueront à ſervir ainſi dans leſdites Troupes, d'une haute-paye qui ſera de cinq ſous par jour pour les Fourriers & Sergens, & de quatre ſous pour ceux qui ſeront dans les grades inférieurs.

Leſdits Vétérans ſeront libres chaque année de ſe retirer chez eux.

Chaque année, à la revue de l'Inſpecteur, leſdits Vétérans ſeront libres de ſe retirer chez eux, pour y jouir, aux condi-tions portées par l'article précédent, de la demi-ſolde ou ſolde entière du grade auquel ils ſeront parvenus quand ils ſe retireront, ainſi que des diſtinctions & prérogatives qui leur ſont pareillement accordées par ledit article.

47.

Ceux qui auront obtenu

Sa Majesté fera expédier des ordres pour qu'il ſoit

pourvu particulièrement à la dépense des hautes-payes & des *des hautes-payes,* frais de rengagemens. Le décompte desdites hautes-payes *en renouvelant* sera fait tous les mois à ceux qui seront présens sous les armes. *leurs engagemens,* A l'égard de ceux qui seront à la mer, aux hôpitaux, ou *en jouiront* absens par congés, le décompte leur en sera fait pour le temps *même en cas* de leur absence ou de leur séjour aux hôpitaux, aussitôt qu'ils *d'absence* auront rejoint la Division ; l'intention de Sa Majesté étant què *ou de maladie.* tous ceux qui auront acquis ces hautes-payes en jouissent en tout temps, & n'en puissent être privés que dans le cas où, sans cause légitime, ils ne rejoindront pas à l'expiration des congés limités qui leur seront accordés; voulant Sa Majesté, que dans ce cas seulement, la retenue desdites hautes-payes leur soit faite pour tout le temps de leur absence.

MANDE Sa Majesté à Monf. le Duc de Penthièvre, Amiral de France, aux Vice-amiraux, Lieutenans généraux, Commandans des ports, Intendans, Chefs d'Escadre, Commissaires généraux & ordinaires de la Marine, & à tous autres Officiers qu'il appartiendra, de tenir la main, chacun en droit soi, à l'exécution de la présente Ordonnance. FAIT à Versailles, le vingt-six Décembre mil sept cent soixante-quatorze. *Signé* LOUIS. *Et plus bas,* DE SARTINE.

LE DUC DE PENTHIÈVRE,

Amiral de France, Gouverneur & Lieutenant général pour le Roi en sa province de Bretagne.

VU l'Ordonnance du Roi ci-dessus & des autres parts, à nous adressée : MANDONS aux Vice-amiraux, Lieutenans généraux, Intendans, Chefs d'Escadre, Commisfaires généraux & ordinaires, & à tous autres Officiers qu'il appartiendra, de s'y conformer & de tenir la main, chacun en droit foi, à fon exécution. FAIT à Rennes, le deux Janvier mil fept cent foixante-quinze. *Signé* L. J. M. DE BOURBON. *Et plus bas,* Par fon Alteffe Séréniffime.

Signé DE GRANDBOURG.

POUR LE ROI. { *Collationné aux originaux, par nous Écuyer, Confeiller Secrétaire du Roi, Maifon, Couronne de France & de fes finances.*

A PARIS,
DE L'IMPRIMERIE ROYALE.

M. DCCLXXV.

www.ingramcontent.com/pod-product-compliance
Lightning Source LLC
LaVergne TN
LVHW021459060726

842527LV00006B/2348